El libro de los miedos
Ethel Krauze

Índice

*A quienes buscaron su tesoro conmigo
en Miacatlán, Morelos
y me ayudaron en el camino del mío:
Las tres Marthas,
Diana, Olivia, Julián
y Joaquín.
Y sus maravillosos alumnos
que siguieron "El caminito de mi propio libro"
y fundaron, con el suyo, la biblioteca familiar.*

*Y descubrí
que mi tesoro
estaba oculto
en el libro
de mis miedos.*

I Miedos tontos

1

Tengo miedo de empezar a morderme las uñas otra vez.
Y no poder contenerme.

Roer y roer.

Roerme hasta la médula.

Tengo miedo de ponerme gorda como globo de Cantoya,

flotando en mi colorido caftán sobre el lago de Tequesquitengo.

Y que todos se rían.

Y yo también.

Tengo miedo de volverme vieja, sosteniendo la papada en el carrito de las compras, de una eternidad a otra.

Porque no habrá devoluciones.

Y tendré que pagar la factura.

Y con impuestos.

4

Miedo de que nazca un subrayado blanco en la raíz de mis
cabellos,
gritándome a la cara los años que se acumulan como escalones
hacia el precipicio.

Estos miedos son tontos.

Me da vergüenza sentirlos.

De nada sirven. No valen un cacahuate.

Sólo ensombrecen el panorama, con su mohín irreverente.

Son miedos tontos que dan más miedo porque son inservibles.

No valen ni medio cacahuate.

Nada cambia tenerlos o no:

acabada la fiesta de la vida, hay que despedirse, aunque uno

llore, grite y patalee.

Hay miedos así, mejor colgarlos en el ropero hasta atrás, donde

no estorben, y envolverlos con su cubre polvos.

Olvidarlos mientras tanto.

II Miedos verdaderos

6

Los miedos verdaderos no distraen con su sombra.

Son un puño de luz en plena cara.

Por ejemplo:

Que se caigan las hojas de los árboles y mi ventana quede

ciega, ardiente.

Que no suene más el agua en mis oídos:

ese rumor de cristales que me cuenta historias sin palabras a

su paso.

Que no pueda sentir el agua pasando sus dedos por mi piel:

esa escritura siempre acariciada.

Que me prohíban comer chocolate, especialmente las galletas

cubiertas de un espejo dulce y oscuro.

Me da pavor imaginarme esto.

Una tristeza que gotea desde el techo hasta la hendedura de la

roca.

Que mi corazón ya no brinque con los brotes de buganvilias en primavera.

Que no brinque en invierno, cuando la Navidad se acerca con

sus agujas de pino en el ambiente.

Que no brinque en las tormentas de verano.

Que no brinque en las lunas escarchadas del otoño.

Que no brinque, pues.

III Miedos insoportables

Hay otros miedos que se cuelan por la rendija de los días.

Vienen del más acá,

como toda esa gente ávida de dólares que olvida el sabor a

fiesta de los aguacates maduros.

Los que se desgarran las vestiduras por una referencia citada sin comillas, pero no se conmueven frente a la niña que acaba de escribir su nombre por primera vez en el cuaderno.

Los que hacen marchas para correr políticos, pero no meten la

mano en casa para lavar un plato.

Más que la contaminación y el cambio climático, me da miedo perder el sentido del milagro en cada amanecer.

Tengo mucho miedo de abrir los ojos y que sólo una pantalla

aparezca frente a mí.

Un automóvil, un tanque de gas, un tinaco.

Creer que hoy el mundo cabe en un clic.

Más que las muertes por la droga,

tengo miedo de no sentir la droga natural de la vida:

respirar acompasadamente.

La droga de escribir soltando amarras como pez en el océano del lenguaje.

La droga de tocar un cuerpo amado.

El contorno y el pulso,

el mentón y las cejas,

la pulpa de los labios a punto de entregarse.

Tengo miedo de que un pensamiento de desesperanza,

indiferencia o apatía me secuestre.

Y que de pronto

sólo vea una pared blanca frente a los ojos.

Miedo de que un rayo me alcance y me quite la memoria del amor por esos ojos negros y profundos que me observan al otro lado de la mesa.

Miedo de que desaparezca mi estrabismo y no pueda ya reconocerme en ese dulce signo de mi rostro que mi padre siempre alabó y con el que me enseñó a amar lo que otros consideraban un defecto.

Un miedo horrible de convertirme en una mujer rubia, alta y de ojos azules…

Lloraría sin fin, extrañando mi color castaño de soles y la mirada oscura de la mujer pequeña que soy.

Tiemblo con esta sola idea, hasta la boca se me pone seca.

27

Me imagino no haber oído nunca la palabra "mamá".

Y tiemblo.

O no haberla dicho nunca.

IV Miedos de sueño

29

En los sueños también hay miedos:

son como ruedas de molino que giran y giran

hasta que el sollozo nos abraza.

La ola gigante, lenta, oscura, inacabable.

El abismo en el que caigo permanentemente… hasta que

alguien me susurra al oído:

"Despierta, es una pesadilla".

Los peores miedos habitan en la punta del sueño que se abre como pesadilla y toca la puerta de un mañana. Pero no la abre. Que nunca despertemos, por ejemplo. Que nos quedemos prendidos del alfiler del sueño, deshilándonos hasta que no quede nada más que una hebra por ahí perdida rumbo al basurero.

Que el reloj se quede sin manecillas.

El plato, vacío.

El alma, hueca.

El cerebro, domado.

La voluntad, ahogada en el vaso del buró.

El arcoíris, guardado en el baúl de los recuerdos.

El grito, encerrado en el congelador.

El poema, deshilachado en la agenda del día.

V Miedos construidos

Da más miedo la realidad que hemos construido:

que el mundo sea un centro comercial.

Que paseemos de tienda en tienda, escogiendo ofertas en los

escaparates o comida rápida en platos desechables.

Antes le tenía miedo a la oscuridad.

Un miedo de parálisis, un miedo de corazón en las sienes, un miedo como bocanadas de inmensidad, a la negra página de la noche.

Y el trueno me acompañaba dialogando con su dedo de fuego, aunque quemara.

De pronto, me viene a la mente la gran poeta Sylvia Plath metiendo la cabeza en el horno, luego de dar la merienda a sus hijos.

Un miedo antiguo, un miedo de alguien que no le encuentra sentido ni siquiera al miedo de la noche, ni siquiera a los poemas que escribe.

¿Cómo es que yo sigo amando las tormentas en este otoño

temprano?

¿Y si de pronto hundiera la cabeza en la tierra, como avestruz,

y no aceptara mirar la muerte como el destino natural de esta

belleza?

Barrer también me da miedo.

Barrer metiendo las moronas bajo la alfombra.

No ver las cosas que pasan por la vida.

No honrar cada uno de los bocados que nos llevamos a la boca,

dulces y amargos.

No compadecernos de nuestras cicatrices.

No bendecir nuestras arrugas.

No ver atrás, no ver aquí y ahora.

No ver.

No ver el fondo de nuestro corazón.

VI Miedos fríos y calientes

51

Hay miedos fríos y calientes.

Miedos azules y amarillos,

miedos morados.

Miedos para la noche y para el día.

Todos son malos.

Hay miedos de horror y de sudor,

de caramelos y de chile piquín.

Todos amargan al final.

Miedos antiguos y modernos columpiándose por el hielo

ardiente de mi espalda.

Que me coma el Coco, que me robe el Robachicos.

Que me secuestre el narco de la coca, que me descuarticen los

sicarios, me trituren y me muelan en el mocajete para la salsa

verde.

VII Miedos que no se pueden nombrar

54

Miedos que no se pueden nombrar:

Pálpitos, conjuros,

como tocar madera y que la boca se te haga chicharrón.

Pasar bajo una escalera solitaria y que el mundo se te venga

encima en forma de una serpiente que se muerde la cola.

Hay miedos largos que aturden el sentido.

Lentos, como vacas.

Y raudos como garabato de pájaros surcando el cielo.

Hay miedos del tamaño de una ballena, pero sólo de vez en cuando aparecen saludando en la playa.

No hay que meterse con ellos.

Si los contemplo y los admiro, se retiran con su caravana de espuma hasta la siguiente temporada.

Miedos desconocidos tras de la puerta.

Y conocidos en la palma de la mano.

Y conocidos en la palma de la mano.

No sé qué es peor, a cuáles combatir primero.

Los dos son negros como cuervos circunvolando en la cabeza.

¡Que no estés en un fulgor de primavera venidero!

61

O no esté yo, para verlo.